SOBREVIVENDO NA GRINGA

Neste e-book, **compartilho** dicas **valiosas** sobre como utilizar a <u>Inteligência Artificial</u> para otimizar seu tempo, impulsionar sua produtividade e economizar dinheiro.

Com as ferramentas **certas**, você poderá automatizar tarefas e **transformar** sua forma de trabalhar.

ESCRITO POR Ana Martins   2025

Sumário

ESCRITO POR Ana Martins   2025

Sumário

ESCRITO POR Ana Martins   **2025**

QUEM É ANA MARTINS ?

Prazer, sou a Ana Martins!

Atualmente, moro nos **Estados Unidos**, mas já vivi no **Canadá**.

Saí do **Brasil** em 2019, e quando cheguei nos EUA, a pandemia de Covid-19 começou, e eu tive que me adaptar rapidamente a essa nova realidade

ESCRITO POR Ana Martins

2025

NESSE **E-BOOK**

Eu vou **compartilhar** com você como a Inteligência Artificial pode transformar sua rotina, trazendo automação, eficiência e inovação. Descubra como essas **ferramentas** podem facilitar tarefas do dia a dia, impulsionar negócios e otimizar seu tempo.

Seja muito bem-vindo ao futuro com IA!

ESCRITO POR Ana Martins	2025

APPS DE AUTOMAÇÃO
AUTOMAÇÃO DE PROCESSOS E TAREFAS

1- Zapier – Conecta diferentes aplicativos e automatiza fluxos de trabalho sem precisar programar.

2- Make (antigo Integromat) – Automatiza tarefas complexas entre múltiplos apps com regras avançadas.

3 -IFTTT – Automatiza ações simples entre aplicativos, como enviar e-mails automáticos ou salvar arquivos em nuvem.

ESCRITO POR Ana Martins

2025

APPS DE AUTOMAÇÃO
AUTOMAÇÃO DE CONTEÚDO E ESCRITA

4- Copy.ai – Gera textos automaticamente para redes sociais, blogs e e-mails.

5- Jasper AI (antigo Jarvis) – Produz conteúdos longos como artigos, roteiros e anúncios publicitários.

ESCRITO POR Ana Martins   2025

APPS DE AUTOMAÇÃO
AUTOMAÇÃO DE ATENDIMENTO AO CLIENTE

6- ChatGPT API – Pode ser integrado em sites para criar chatbots inteligentes.

7- Tidio – Chatbot que melhora o atendimento ao cliente em e-commerces.

ESCRITO POR Ana Martins   2025

APPS DE AUTOMAÇÃO
AUTOMAÇÃO DE IMAGENS E VÍDEOS

8- Runway ML – Cria e edita vídeos automaticamente com IA.

9- Imglarger – Melhora a qualidade de imagens com IA.

ESCRITO POR Ana Martins

2025

POR QUE ESCOLHI

ESSAS 3 FERRAMENTAS DE INTELIGÊNCIA ARTIFICIAL?

Com tantas opções de **ferramentas de IA** disponíveis, pode ser difícil saber quais realmente fazem a diferença no dia a dia.

Para ajudar você a economizar tempo e dinheiro, selecionei as **três melhores** com base em eficiência, praticidade e impacto real no trabalho digital.

ESCRITO POR Ana Martins   **2025**

Essas **ferramentas** foram escolhidas porque oferecem **soluções inteligentes** para criação de conteúdo, otimização de textos e aprimoramento de imagens, atendendo tanto a empreendedores quanto a **criadores de conteúdo**.

ESCRITO POR Ana Martins   2025

COPY.AI

Perfeito para geração automática de textos, descrições de produtos, slogans, e-mails e posts para redes sociais. Essencial para quem trabalha com marketing digital.

ESCRITO POR Ana Martins

2025

ESTUDO DE CASO

Como o Copy.ai Ajudou uma Pequena Empresa a Aumentar suas **Vendas em 30%**

O Desafio:

Ana, dona de uma loja online de cosméticos naturais, enfrentava um grande problema: dificuldade na criação de textos persuasivos para descrever seus produtos e engajar o público nas redes sociais. Ela gastava horas escrevendo descrições de produtos, e-mails e posts, mas não via resultados satisfatórios.

A SOLUÇÃO COM COPY.AI:

Ao integrar o **Copy.ai** no seu fluxo de trabalho, Ana conseguiu:

✔ Criar descrições de produtos otimizadas para SEO e mais atrativas para os clientes.

✔ Gerar títulos e legendas impactantes para posts no Instagram e Facebook.

✔ Escrever e-mails de marketing persuasivos para aumentar o engajamento com seus clientes.

ESCRITO POR Ana Martins

2025

OS RESULTADOS:

Após dois meses usando o Copy.ai, Ana viu um crescimento significativo:

 Aumento de **30% nas vendas** devido a descrições mais persuasivas e claras.

 Taxa de abertura de e-mails **subiu 40%**, tornando a comunicação com clientes mais eficaz.

 Economia de 10 horas por semana na criação de textos, permitindo que ela focasse em outras áreas do negócio.

ESCRITO POR Ana Martins

2025

CONCLUSÃO:

Com o Copy.ai, Ana transformou sua estratégia de marketing digital, melhorando suas vendas e produtividade sem precisar contratar um redator. Essa ferramenta mostrou que a Inteligência Artificial pode ser um grande diferencial para pequenas empresas que buscam crescer de forma eficiente.

Experimente o Copy.ai e descubra como ele pode impulsionar seu negócio!

ESCRITO POR Ana Martins   2025

SMODIN

Ferramenta versátil para reescrita de textos, verificação de plágio e resumos automáticos, ajudando na produção de conteúdo com mais eficiência.

ESCRITO POR Ana Martins

2025

ESTUDO DE CASO

Como o Smodin Ajudou um Estudante Universitário a **Melhorar seu Desempenho Acadêmico**

O Desafio:

Lucas, estudante de direito, enfrentava dificuldades para reestruturar textos acadêmicos, resumir artigos longos e garantir a originalidade de seus trabalhos. Com prazos apertados e muita leitura para fazer, ele precisava de uma solução que o ajudasse a otimizar tempo sem comprometer a qualidade dos seus textos.

ESCRITO POR Ana Martins

2025

A SOLUÇÃO COM SMODIN:

Ao começar a usar o **Smodin**, Lucas conseguiu:

✔ Reescrever textos complexos de forma clara e objetiva, mantendo o sentido original.

✔ Gerar resumos automáticos de artigos acadêmicos e capítulos de livros, economizando horas de leitura.

✔ Verificar plágio antes de enviar seus trabalhos, garantindo originalidade e evitando problemas acadêmicos.

ESCRITO POR Ana Martins

2025

OS RESULTADOS:

Após um semestre utilizando o Smodin, Lucas percebeu grandes melhorias:

Ganhou 8 horas por semana ao usar o resumidor automático para leituras acadêmicas.

Aprimorou a qualidade dos seus textos, tornando-os mais organizados e fáceis de entender.

Melhorou suas notas em 20%, já que seus trabalhos passaram a ser mais claros e bem fundamentados.

ESCRITO POR Ana Martins | 2025

CONCLUSÃO:

Com o Smodin, Lucas não só conseguiu otimizar sua rotina acadêmica, mas também reduziu o estresse e melhorou seu desempenho nos estudos. Essa ferramenta mostrou-se essencial para estudantes, pesquisadores e escritores que precisam de mais produtividade e qualidade na escrita.

Experimente o Smodin e descubra como ele pode facilitar seu trabalho!

ESCRITO POR Ana Martins
2025

IMGLARGER

Ideal para quem precisa melhorar a qualidade de imagens com IA, removendo ruídos, aumentando nitidez e até eliminando objetos indesejados. Perfeito para designers e criadores de conteúdo.

ESCRITO POR Ana Martins

2025

ESTUDO DE CASO

Como o Imglarger Ajudou um Fotógrafo a Recuperar e Melhorar Imagens Antigas.

O Desafio:

Carlos, um fotógrafo profissional, tinha um grande acervo de fotos antigas de seus clientes e de viagens que precisavam ser restauradas. Muitas dessas imagens estavam em baixa resolução, com ruídos e falta de nitidez, tornando impossível utilizá-las para impressão ou venda digital. Ele precisava de uma solução rápida e eficiente para recuperar a qualidade dessas fotos sem perder tempo com edições manuais complexas.

A SOLUÇÃO COM IMGLARGER:

Ao começar a utilizar o **Imglarger**, Carlos conseguiu:

✔ Aumentar a resolução das imagens sem perder qualidade, permitindo a impressão em grandes formatos.

✔ Remover ruídos e aprimorar a nitidez, trazendo mais detalhes para fotos antigas e pouco definidas.

✔ Eliminar objetos indesejados de algumas imagens, tornando-as mais limpas e profissionais.

ESCRITO POR Ana Martins | **2025**

OS RESULTADOS:

Após um mês utilizando o Imglarger, Carlos obteve os seguintes benefícios:

Recuperou mais de 200 fotos antigas, transformando-as em arquivos de alta qualidade.

Aumentou suas vendas em 25%, pois agora podia oferecer impressões grandes e imagens mais nítidas para clientes.

Economizou horas de edição manual, que antes gastava no Photoshop para tentar recuperar imagens.

ESCRITO POR Ana Martins

2025

CONCLUSÃO:

Com o Imglarger, Carlos transformou imagens antigas e de baixa qualidade em arquivos profissionais e prontos para impressão, sem precisar de softwares avançados ou conhecimentos técnicos. Essa ferramenta se mostrou indispensável para fotógrafos, designers e criadores de conteúdo que querem otimizar seu trabalho com Inteligência Artificial.

Experimente o Imglarger e veja como ele pode transformar suas imagens!

ESCRITO POR Ana Martins   2025

NA **PRÁTICA**

Use o **Copy.ai** para gerar textos envolventes e persuasivos, otimize com o **Smodin** reescrevendo e resumindo conteúdos com eficiência, e aperfeiçoe suas imagens com o **Imglarger**, melhorando qualidade e nitidez para um visual profissional.

ESCRITO POR Ana Martins

2025

OBRIGADO

Este guia foi criado para ajudar você a aproveitar o poder da **Inteligência Artificial** no seu dia a dia, facilitando tarefas como criação de conteúdo, otimização de textos e aprimoramento de imagens.

Sabemos que a **tecnologia** pode parecer complexa, mas com as ferramentas certas, você pode automatizar processos, economizar tempo e impulsionar sua produtividade.

Espero que este e-book seja um recurso valioso para transformar sua forma de **trabalhar com IA.**

Boa sorte e muito sucesso!

ESCRITO POR Ana Martins   2025